Baby-Wahnsinn

- Der total schwachsinnige Ratgeber für junge Eltern -

Thomas Haberland

ISBN: 3-8311-4391-9

Herstellung und Vertrieb:
Books on Demand GmbH
Gutenbergring 53, 22848 Norderstedt
www.bod.de
eMail: info@bod.de

Inhaltsverzeichnis

.......und los geht's!

Einführung

Liebe frisch gebackene Eltern, liebe werdende Eltern und liebe noch Übende, liebe Erziehungsberechtigte, liebe Adoptiveltern, liebe Leihmütter und liebe Samenspender, liebe Großeltern und liebe kleine Eltern, liebe gleichgeschlechtliche Eltern mit Erziehungsrecht, liebe Großfamilien, liebe Einzelkämpfer und Alleinerziehende, liebe ehemalige Kinder, liebe noch Eltern Habende, liebe Leute. Für alle kommt einmal der Moment, in dem das Unfassbare geschieht. Ich meine die Sache, von der man tausend Mal gehört, gelesen und im Fernsehen gesehen hat. Die Sache, von der man selbst immer der Meinung war, sie könne einem nicht passieren. Plötzlich hält man ein Baby in seinem Arm. Und nachdem der erste Schwall überwältigender Gefühle abgeklungen ist, macht sich allmählich aber immer vordringlicher die nackte Panik breit. Was nun? Was solch ich tun? Warum hilft mir denn keiner? An dieser Stelle heißt es zunächst einmal Ruhe bewahren und Sicherheit ausstrahlen. Als angeblich einziges intelligentes Lebewesen auf diesem Planeten ist der Mensch allein in der Lage, alle Probleme auf rationale Weise zu bewältigen. Aus diesem Grund sollen die folgenden Kapitel Ihnen den Umgang mit Ihrem

neu erworbenen Baby erleichtern. Sie werden nie gehörte Tricks und Tipps kennen lernen, die Sie vermutlich auch nie wieder hören werden. Um Ihnen die Problematiken so plastisch wie möglich darzustellen, wurden die Erklärungen zur Handhabung des Kindes anhand Ihnen bereits vertrauter technischer Abläufe, Apparaturen und Gegenstände sowie technischen Prozessen angeglichen. Denn, wenn Sie einmal ehrlich zu sich selbst sind, dann werden Sie feststellen, dass Ihnen der Umgang mit Computern und hoch komplizierter Software keine Probleme bereitet. Sie wissen, was man bei einem Systemabsturz macht und haben doch keine Ahnung, was man unternimmt, wenn das Baby abstürzt. Sie können Ihr Auto reparieren, weil der Vergaser verstopft ist und sind doch völlig hilflos, wenn Ihr Kind Verstopfung hat. Also wurden die Ratschläge an Ihnen bekannte Strategien der Problembewältigung angeglichen. Sie lernen damit nicht neu, sondern nur um.

Namensgebung

Wenn Ihr Baby ausgeliefert ist, haben Sie die Pflicht, es ordnungsgemäß zuzulassen. Ähnlich wie bei der Zulassung von Kraftfahrzeugen erhält auch das Baby eine Erkennungsbezeichnung. Wie bei einem Fahrzeugkennzeichen besteht die Zulassungsbezeichnung aus zwei Teilen. Der eine Teil gibt Aufschluss über die Herkunft. So stehen beispielsweise bei den Fahrzeugen die ersten Buchstaben für die Gemeinde, in der das Fahrzeug zugelassen wurde. Bei Ihrem Baby sind dies die letzten Buchstaben, und Sie bilden den sogenannten Familiennamen. Dieser ist notwendig, damit das Baby Ihrer Familie zugeordnet werden kann, für den Fall, dass es einmal verloren geht. Bei dem anderen Teil des Namens, dem sogenannten Vornamen, dürfen Sie als Besitzer des Kindes Ihrer Phantasie völlig freien Lauf lassen. Die Buchstabenkombinationen sind frei wählbar und Wunschbuchstaben kosten kein zusätzliches Geld, so wie es bei Kfz-Zulassungsstellen sonst üblich ist. Obwohl das Geschlecht des Kindes nach der Auslieferung grundsätzlich nicht mehr zu ändern ist, können Sie doch bei der Wahl des Vornamens noch bedingt gegensteuern. Sollten Sie sich zum Beispiel nicht entscheiden können, was es einmal werden soll, so wählen Sie eine Bezeichnung wie Knuth-Inge, Klaus-Bärbel oder Waltraud-Wolfgang . Sind Sie mit dem bei Auslieferung vorhandenem Geschlecht einverstanden, so achten Sie bei der Wahl des Vornamens darauf, dass er mit der Familienbezeichnung harmonisiert. Eine spätere Änderung ist aufwändig und kostspielig. Zu wahren Klassikern sind in diesem Zusammenhang Namen wie Claire Grube, Rainer Wahnsinn oder Halber Hahn geworden. Haben Sie sich für einen Namen entschieden, müssen Sie das Baby amtlich zulassen. Sie erhalten dann von dem für Sie zuständigen Amtsgericht eine Zulassungsurkunde, ähnlich dem Kfz-Brief. Bewahren Sie diese Urkunde gut auf. Fehlt sie, existiert Ihr Baby quasi nicht. Für den Fall, dass Sie zu den Großverdienern in der Gesellschaft gehören und sich auf einen Schlag zwei Babys leisten können (bei gleichzeitiger Auslieferung werden diese Zwillinge genannt), dann sollten Sie für die Babys Namen wählen, die eine Einheit bilden. Bewährt haben sich in diesem Zusammenhang Namen, die der Bevölkerung aus den Medien geläufig sind. Gemeint sind Bezeichnungen wie Max und Moritz, Dick und Doof, Asterix und Obelix usw. Bei Drillingen, also der gleichzeitigen Auslieferung von drei Babys, greifen Sie bitte auf Gruppenbezeichnungen zurück. Sie können dann alle drei Kinder gleich nennen und daher Bezeichnungen wie Olsenbande, Ducktales oder Stooges verwenden. Nehmen Sie sich bei der Wahl

der Namen viel Zeit. Falsche Entscheidungen können die Entwicklung Ihres Kindes stark beeinflussen. Spätestens in der Schule wird Ihr Kind, wenn es den falschen Namen trägt, durch die Hänseleien der anderen zunächst aus dem Klassenverband ausgeschlossen und später aus der Gesellschaft. Immer wieder fanden Forscher heraus, dass die Menschen in den Randgruppen unserer Gesellschaft über schlechte oder ungenügende Namensbezeichnungen verfügen, weil Ihre Eltern so arm waren, dass Sie sich beispielsweise keinen Nachnamen leisten konnten. Hören Sie einmal genau hin, wenn Sie wieder einmal achtlos an den Bettlern von der Ecke vorbeigehen. Diese randständigen Gruppen sprechen sich untereinander nur mit Vornamen an. Niemals werden Sie ein „Herr Müller" oder „Frau Sommer" hören. Es reduziert sich vielmehr auf Bezeichnungen wie „Hey Eggart" oder „Mensch Ole". Sie sehen also, dass Sie bereits von Anfang an eine große, verantwortungsvolle Rolle im Leben Ihres Kindes spielen. Also, vermasseln Sie es nicht schon zu Beginn, in dem Sie ihm den falschen Namen geben.

~ 𝄑 ~

Nahrung

Als Nutzer eines Babys müssen Sie sich darüber im Klaren sein, dass Sie von nun an für dessen Funktionstüchtigkeit verantwortlich sind. Entsprechende Vorschriften und Gesetze unseres Landes nehmen Sie in die Pflicht, eine optimale Versorgung des Kindes sicherstellen zu müssen. Insbesondere zählt dazu auch die Nahrungsaufnahme. Die Nahrungsaufnahme ist ein Kapitel, über das zu jeder Zeit heftig und kontrovers diskutiert wird. Bevor das Kind zur Welt gekommen ist, wurde es über eine Versorgungsleitung im Leib der Mutter mit Nahrung versorgt. Einmal abgesehen von dem Konsum von Alkohol und Zigaretten interessierte es in der Produktionsphase des Babys niemanden, was die Mutter aß oder trank. Im Gegenteil, in den meisten Familien wird mit einer regelrechten Belustigung bestaunt, was die werdende Mutter so alles in Folge in sich hineinschlingt. Manchmal gewinnt man den Eindruck, als gäbe es einen inoffiziellen Wettbewerb unter Schwangeren, wer die abartigste Speise zusammenstellt und diese dann auch noch runterschluckt. Aber dies nur am Rande. Ist das Baby fertig, so ist es eine der ersten Handlungen, die nach der Geburt vorgenommen werden, dass die Versorgungsleitung zur Mutter gekappt wird. Meist wird diese in einem brutalen Akt mit einem scharfen Gegenstand ohne weitere Beachtung durchgeschnitten. Arzt, Amme und Mutter sind sichtlich erfreut, wenn das Kind nicht mehr an der Mutter hängt. Häufig wird zu diesem Ritual auch noch der Vater des Kindes zugelassen. Das die ganze Angelegenheit nicht so harmlos ist, wie oft behauptet wird, kann daran erkannt werden, dass das Baby diese Vorgehensweise mit einem lauten innigen Schrei quittiert. Dass sich dennoch alle Beteiligten über diesen Schrei freuen, liegt daran, dass durch das Abtrennen der Nabelschnur ein erster *Checkup* der Funktionstüchtigkeit durchgeführt wird. Es wird somit überprüft, ob das Kind auch ohne Vernetzung mit dem Mutterschiff lebensfähig ist. Nachdem nun diese hervorragende Versorgungsleitung nicht mehr existiert, muss das Kind auf andere und viel umständlichere Art versorgt werden. Dazu dockt die Mutter das Kind an eine ihrer Brüste an. Dort befindet sich ein Verbindungszapfen, der umgangsprachlich Brustwarze genannt wird. Das Baby kann diese mit dem Mund umschließen und durch Herstellen eines Unterdrucks in der Mundhöhle ein Nahrungskonzentrat aus der Brust heraussaugen. Diese Fähigkeit verliert sich aber nach den ersten Lebensmonaten. Später im Erwachsenenalter erinnern sich häufig die Männer dieser Prozedur und wenden sie im Zusammenhang mit diversen Sexual-

praktiken an. Aber wie sehr Mann sich auch anstrengt, den Erfolg, den das Baby an der Mutterbrust hatte, wird der Mann später niemals erreichen. Dafür werden oft andere Reaktionen ausgelöst, die aber hier nicht Thema des Buches sind. Manchmal kann das Saugen des Babys an der Mutterbrust zu Eifersuchtsgefühlen beim Mann gegenüber dem Kind führen, weil er seine eigenen Bedürfnisse an der Mutterbrust nicht befriedigen darf. Das besondere Interesse des Ehemannes nach der Mutterbrust wächst dabei proportional mit der Zunahme des Volumens der Brüste. Es handelt sich bei der größer werdenden Brust um einen völlig natürlichen Vorgang. Die Speicherkapazität für den Milchvorrat wird dadurch erhöht. Auf diese Weise kann die Frau ca. 8 bis 9 Liter Vorratsmilch für das Baby mit sich führen. Diese fast schon geniale Einrichtung der Natur kennen wir auch aus der Tierwelt. Es ist der gleiche Mechanismus, den auch die Kamele bei der Speicherung ihres Wasservorrates anwenden. Unbekannt geblieben ist bis heute jedoch, ob mit zunehmender Größe der Kamelhöcker ebenfalls das Sexualverlangen der männlichen Kamele steigt. Aber nun wieder zurück zum Stillen des Babys. Nach der Abnabelung des Babys wird es also über die Brust mit Nahrung versorgt. Aber auch diese latente Versorgung durch den Mutterleib wird nicht lange aufrechterhalten. Das Kind wird bald mit externer Nahrung versorgt. Dies geschieht nur so lange, bis es sich

selbst ernähren kann. Dieser Abnabelungsprozess ist von der Natur extra so eingerichtet worden, damit die Kinder sich später Arbeit suchen müssen, um sich so selbständig mit Nahrung zu versorgen. Wäre dem nicht so, würden einige noch mit vierzig am mütterlichen Rockzipfel hängen und sich so von der Mutter mästen lassen. Aber zurück zur Versorgung des Kindes über die Brust der Mutter. Dieser Vorgang wird Stillen genannt. Er heißt unter anderem deshalb so, weil es möglichst ruhig dabei sein sollte. Viele Familien halten diese Vorgehensweise bei der Nahrungsaufnahme auch später aufrecht. Häufig hört man deshalb auch den Spruch: „Sei still und iss!". Da es, wie bereits erwähnt, beim Stillen möglichst still sein sollte, schlafen Mutter und Kind auch regelmäßig dabei ein. Insbesondere nachts zwischen 2 und 4 Uhr kann dies beobachtet werden. Interessant ist auch, dass die Mutter den Geschmack der Muttermilch beeinflussen kann. Je nachdem, was die Mutter zuvor selbst an Nahrung zu sich genommen hat, wird sich auch die Geschmacksrichtung der Milch ändern. Doch bedenken Sie bitte, dass sich daraus äußerst perverse Geschmackskombinationen bilden lassen. Milch mit Lebergeschmack oder mit einem Knoblaucharoma sind nicht sehr zu empfehlen. Die Mutter sollte deshalb zur Prüfung vor dem Essen, ein wenig der eigenen Nahrung in etwas Milch auflösen, und so einen Geschmackstest durchführen. Bekommt die Mutter dann das Würgen, so ist die Geschmacksrichtung für das Baby nicht sehr zu empfehlen.

Windeln & Wickeln

Ein besonderer Augenmerk soll nun auf die Ausscheidung des Babys gelegt werden. Die Ausscheidung ist ein Sekret, das nach der Umsetzung der zugeführten Nahrung im Inneren des Babys übrig bleibt, und deshalb aus dem Körper wieder entfernt werden muss. Nun aber keine Angst, die Entfernung übernimmt das Baby von selbst, damit haben Sie nichts zu tun. Wie gut dieser Prozess vom Baby beherrscht wird, werden Sie selbst bewundern können. Das Sekret liegt sowohl in festem als auch in flüssigem Aggregatzustand vor und bedient sich dabei zweier unterschiedlicher Öffnungen am unteren Ende des Kindes. Da das Kind bei Auslieferung noch sehr klein ist, hat der Hersteller (die Natur) auf ordnungsgemäße Schließmechanismen verzichtet. Die Produktion eines Babys würde auch sonst einen weitaus größeren Zeitrahmen als die 9 Monate in Anspruch nehmen, wenn derartig filigrane Bauteile bei Auslieferung schon integriert wären. Dieser beschriebene Prozess der Ausscheidung fordert von dem Benutzer des Babys eine besondere Beachtung. Damit man nämlich sicher sein kann, dass die zugeführte Nahrung auch den Organismus des Babys wieder verlässt, werden die Ausscheidungssekrete aufgefangen. Dazu müssen Sie sich allerdings zunächst aus dem Fachhandel etwas Zubehör kaufen. Sie erhalten dort zu diesem Zweck sogenannte Windeln. Diese sind je nach Hersteller mal mehr, mal weniger gut geeignet, das Sekret aufzufangen. Der Nutzer des Kindes hat nun in regelmäßigen Abständen, durch einen fachmännischen Blick in die Windel zu kontrollieren, ob die Ausscheidung schon erfolgt ist. Später, wenn sich der Organismus des Kindes durch richtige Wartung weiter entwickelt hat, wird durch das Kind nach der Ausscheidung häufig ein akustisches Signal gegeben. Im Laufe der Zeit hat sich insbesondere bei den weiblichen Nutzern von Babys auch die sogenannte nasale Technik zur Kontrolle eingebürgert. Dabei hält man die Nase an das untere Ende des Babys und saugt mit einem kräftigen Atemzug die Luft aus den Windeln in die Nase. Winzige Partikel des Ausscheidungssekrets werden dabei mit dem Einatmen in die Nase gesogen und hinterlassen dort sehr charakteristische Gerüche. Ich halte diese Methode für nicht empfehlenswert. Es hat sich gezeigt, dass durch die häufige Anwendung dieser Methode bei den Nutzern ein Gewöhnungseffekt einsetzt. Durch Überreizung der Geruchszellen in der Nase kann oftmals bei einmaligem Einsaugen der sekrethaltigen Luft noch kein eindeutiges Ergebnis erzielt werden. Eine positive Analyse wird oft erst nach mehrmaligem Aufsaugen der Luft aus der Windel

23

möglich. Ein Blick ins Innere der Windel ist deshalb auf Dauer gesehen effektiver. Haben Sie sich nun auf die eine oder andere Weise davon überzeugt, dass sich Ausscheidungsprodukte in der Windel befinden, so müssen Sie diese einsammeln. Dabei ist es wichtig, dass Sie nicht das Geringste vergessen. Sie müssen in den meisten Fällen Reste des Sekrets vom Po des Babys entfernen. Auch dafür gibt es im Fachhandel entsprechendes Zubehör. Seien Sie sorgfältig bei dieser Prozedur. Sie können sonst nicht sicher sein, ob Sie alles, was Sie oben zugeführt haben, unten auch wieder rausbekommen. Die vollen Windeln sammeln Sie dann in dafür vorgesehenen Behältern. Es empfiehlt sich nicht, die Windeln offen im Haus zu lagern. Es verbreiten sich dann im ganzen Haus kleine Geruchspartikel des Ausscheidungssekrets. Auf diese Weise wird die Sicherheit der nasalen Überprüfungsmethode sehr eingeschränkt. Aber auch nach korrekter Lagerung der Windeln kommt irgendwann der Zeitpunkt, wo Sie sich davon trennen sollten. Es ist klar, dass es Ihnen schwer fallen wird. Immerhin liefern diese Windeln den Beweis dafür, dass Ihr Kind ordnungsgemäß funktioniert. Außerdem haben Sie für die Nahrungsmittel, die dann später durch das Baby in die entsprechenden Stoffwechselendprodukte umgesetzt wurden, viel Geld bezahlt und Sie sind nach wie vor Ihr persönliches Eigentum. Dennoch sollten Sie sich früher oder später davon trennen. Studien haben gezeigt, dass ein Baby zwischen drei und viertausend Kilogramm Kot produzieren kann. Für die meisten Nutzer entsteht in diesem Zusammenhang ein Problem bei der Kapazität von Lagerplätzen in der Wohnung. Es empfiehlt sich daher, eine rechtzeitige Entsorgung vorzunehmen. Für alle, die keine Lagerungsprobleme haben, gilt natürlich nach wie vor der volkstümliche Grundsatz: „Behalten Sie den Scheiß!" Mit der Zeit werden Sie die Tricks und Kniffe des Wickelns ganz von alleine kennen lernen. Zum Beispiel nutzt das Kind jede Möglichkeit Ausscheidungen vorzunehmen, wenn es gerade keine Windel trägt. Sie müssen dies aber gelassen sehen. Das Baby ist stolz darauf, dass es bereits einige wenige Handlungen ganz ohne die Hilfe der Eltern schafft. So kommt es oft dazu, dass die Babys bei Abnahme der Windeln dazu neigen, den Müttern und Vätern diesen Ausscheidungsprozess quasi „live" vorzuführen. Machen Sie hier gute Miene zum bösen Spiel. Bewundern Sie Ihr Kind für diese Fähigkeit überschwänglich. Auch wenn es Ihnen gerade das frische weiße Hemd oder die Bluse vollgesaut hat und Sie eigentlich im Begriff waren, zum 50. Geburtstag Ihrer Schwiegermutter zu fahren. Später, wenn das Kind gewachsen ist und die Ventile zur Kontrolle der Ausscheidung voll ausgebildet sind, könnte das Kind theoretisch, genau wie Sie selbst, die sanitären Einrichtungen benutzen. Doch dies geschieht leider nicht automatisch. Das

26

Kind muss den Befehl zur Ausscheidung selbst an den Körper geben. Das Schwierige dabei ist nur, dass dieser Befehl an ein bestimmtes *Timing* gebunden ist. Um dies dem Kind deutlich zu machen, werden Sie als Eltern dem Kind ab einem bestimmten Alter keine Windel mehr ummachen. Für das Kind handelt es sich dabei zunächst um einen kaum merklichen Unterschied. Die Folge ist, dass es sich wie sonst auch in die Hose macht. Viele Eltern reagieren hier fälschlicher Weise böse und wütend auf das Kind. Bei dem Kind wird dadurch eine Art Verwirrung ausgelöst. Gerade noch haben sich die Eltern über den Ausscheidungsprozess gefreut und jedes Pipi in die Windel fast rituell gefeiert, und plötzlich löst der gleiche Vorgang bei den Alten totale Panik aus. Hier heißt es sachlich bleiben. Erläutern Sie dem Kind, worauf es ankommt. Ziehen Sie Ihre eigene Unterhose aus, und zeigen Sie dem Kind, wie schön sauber diese dazu im Gegensatz ist und wie wohl Sie sich dabei fühlen. Seien Sie Vorbild. Nehmen Sie Ihr Kind ruhig mit auf die Toilette, und führen Sie den ordnungsgemäßen Ausscheidungsprozess in den sanitären Einrichtungen vor. Geben Sie Hinweise und Hilfestellung bei der Verwendung des Toilettenpapiers. Machen Sie Ihrem Kind klar, dass die zu Hause einstudierten Handlungen im WC auch für externe sanitäre Einrichtungen gelten. Die Folge dieses Unterrichtes wird sein, dass Ihr Kind nun übt. Es wird üben, wo immer und wann immer sich die

Gelegenheit dazu bietet. Das bedeutet für Sie als Elternteil wiederum, dass Sie innerhalb kürzester Zeit sämtliche öffentlichen Toiletten in Ihrer Umgebung kennen lernen werden. Als Hilfestellung können Sie sich vielleicht in einem Stadtplan überall da Kreuze machen, wo sich öffentliche Toiletten befinden. Sie können dann Ihren Einkaufsbummel vorher schon strategisch planen. Oder klingeln Sie ruhig bei wildfremden Leuten und fragen Sie, ob Ihr Kind da ins Klo machen kann. Schon viele Bekanntschaften wurden auf diese Weise geschlossen. Trotz aller Strategie geht dennoch Verschiedentliches in die Hose. Dies geschieht deshalb, weil Ihr Kind immer noch abwägt, was ihm nun besser gefällt, in die Hose kacken oder zur Toilette gehen. Deshalb sollten Sie immer reichlich Wechselsachen mit sich führen. Gehen Sie auf Nummer sicher. Packen Sie zwei, drei Koffer mit Wechselsachen, die Sie ständig dabei haben. Lassen Sie einen Teil davon ruhig von Ihrem Kind tragen. Es soll für seine Ausscheidungen auch einen Teil der Verantwortung tragen. So wird ihm schon bald der Spaß am in die Hose machen vergehen.

Beim Arzt

Mit der Entwicklung des Babys schleichen sich bei unsachgemäßer Anwendung auch Krankheiten, Allergien oder andere Gebrechen ein. Um derartige Gefahren frühzeitig einzudämmen, sollten Sie mit Ihrem Baby zu den vorgeschriebenen Inspektionen gehen. Diese werden fachmännisch Untersuchungen genannt und tragen den Titel U1, U2 usw. Bitte beachten Sie die vorgeschriebenen Laufzeiten, zu denen Ihr Kind zur Inspektion muss. Durchgeführt werden diese Untersuchungen in eigens dafür vorgesehenen Werkstätten, den sogenannten Praxen. Dort *checkt* ein Kinderarzt das Baby durch. In diesen Praxen befinden sich sämtliche Diagnosegeräte, die für einen ordnungsgemäßen *Checkup* über den Gesundheitszustand notwendig sind. Damit sich ins Immunsystem keine Viren einschleichen können, scannt der Kinderarzt das System. Dazu entnimmt er aus den Versorgungsleitungen etwas Flüssigkeit, die mittels Computer analysiert werden. Damit Sie nicht Gefahr laufen, dass sich Ihr Kind mit Viren infiziert, sollten Sie von dem Kinderarzt bei jeder Inspektion unbedingt einen Antivirenscanner integrieren lassen. Diese Prozedur wird in Fachkreisen Impfung

genannt. Bekannter Weise können so Vireninfektionen vom Körper erkannt und vernichtet werden. Verzichten Sie bitte nicht darauf. Die Maßnahme erleichtert Ihnen den Umgang mit dem Baby enorm. Zwischenzeitliche Werkstattaufenthalte innerhalb der normalen Inspektionsintervalle werden auf ein Mindestmaß reduziert. Sie werden einfach mehr Spaß an Ihrem Kind haben. Außerdem sind die Impfungen im Preis inbegriffen. Trotzdem sollten Sie sich über die Impfungen und die verwendeten Wirkstoffe vorher gut informieren. Spritzt der Kinderarzt den besagten Virenscanner, so kommt es im Allgemeinen zu heftigen Reaktionen durch das Kind. In nahezu allen Fällen kommt es zu einer lautstarken verbalen Äußerung des Babys, die mit etwas Flüssigkeitsverlust über die Augen verbunden ist. Erschrecken Sie bitte nicht vor dieser Reaktion. Ihrem Baby geht es gut. Es ist nur natürlich, dass dies passiert. Wie Sie ja aus dem Physikunterricht wissen, lassen sich Flüssigkeiten so gut wie nicht komprimieren. Wenn nun der Kinderarzt die Flüssigkeit mit dem Virenscanner in die Versorgungsschläuche integriert, so öffnet sich ein Überdruckventil im Augenbereich und lässt dort die überschüssige Flüssigkeit heraus. So wird dafür gesorgt, dass das System nicht überlastet. Sollten Sie dies nicht mit ansehen können, dann gehen Sie einfach raus und lassen sich das Baby nach der Inspektion wiedergeben. Lassen Sie trotzdem keine Impfung aus. Lassen Sie viel und mehrfach impfen. Auch hier gilt die Devise, viel hilft viel. Der Virenscanner ist immer nur so gut wie das neueste Update. Beachten Sie aber bitte, dass die Inspektion inklusive der durchgeführten Impfungen anschließend ins Serviceheft des Babys eingetragen wird. Seien Sie sorgfältig dabei. Sollten Sie das Kind später zur Adoption freigeben wollen, oder möchten Sie Ihrem Partner nach einer Scheidung das Sorgerecht aufhalsen, dann ist dies leichter, wenn das bereits gebrauchte Kind in einem Topzustand ist, und dies auch dokumentiert werden kann. Hier nun noch ein paar Tipps zum Verhalten beim Kinderarzt. Sollten Sie zwischen den Inspektionsintervallen wegen kleiner Reparaturarbeiten den Arzt aufsuchen müssen, so gehen Sie grundsätzlich ohne vorherigen Termin dorthin. Ein Termin hat meistens keinen Sinn, da die Werkstätten immer derartig überlastet sind, dass es egal ist, ob Sie mit oder ohne einen Termin vier Stunden warten. Um die Wartezeit zu verkürzen, machen Sie an der Rezeption einen möglichst hektischen und aufgeregten Eindruck. Dann erklären Sie der Assistentin des Kinderarztes oder einem anderen Werkstattangestellten, dass Sie vermuten, dass Ihr Kind Windpocken oder eine andere hoch infektiöse Krankheit hat. Machen Sie deutlich, dass Ihr Kind 47 oder 49°C Fieber hat. Auch wenn dies technisch nicht möglich ist, wird man den Ernst der Lage erkennen. Man kann Sie nun nicht mehr zu den anderen Müttern und Ihren Kindern in den hoffnungslos überfüllten Warteraum stecken, da die Gefahr der Virenübertragung zu groß wäre. Weil man Sie nun möglichst schnell wieder loswerden will, wird man Sie großzügigerweise vor allen anderen, die einen Termin haben, vorziehen. Da auch einige andere Eltern diese Vorgehensweise beherrschen, kommt es zu den angesprochenen vier Stunden Wartezeit, ganz egal, ob man einen Termin hat oder nicht.

Babyschwimmen

Relativ früh sollten Sie die motorischen Fähigkeiten Ihres Babys schulen. Dazu gibt es bestimmt auch in Ihrer Nähe Kurse, die Sie mit dem Kind besuchen können. Am besten, Sie gehen mit Ihrem Säugling zum Babyschwimmen. Da das Baby 9 Monate lang im Fruchtwasser herumgepaddelt ist, wird es diese Art der Bewegung besonders mögen. Sie haben sicherlich schon davon gehört, dass die Neugeborenen die Fähigkeit besitzen zu schwimmen und zu tauchen. Es ist auch durchaus logisch, wenn man, wie schon erwähnt, bedenkt, dass die Kinder neun Monate lang im Fruchtwasser die Luft anhalten mussten. Gönnen Sie sich also ruhig einmal den Spaß und schmeißen Sie Ihr Kind beim Babyschwimmen noch vor allen anderen ins Wasser. Beobachten Sie dann mit Erstaunen, wie Ihr Kind mit dieser neuen Herausforderung fertig wird. Sie können viel lernen durch die Beobachtung Ihres Kindes. So wird uns auf erstaunliche Weise gewahr, wie stark der Urtrieb des Überlebenswillens doch sein kann. Sollte Ihr Kind bei diesem Versuch in der Schwimmhalle untergehen, dann ist etwas nicht in Ordnung. Sie sollten es dann von einem Arzt reparieren lassen. Natürlich sollten Sie die Prozedur auch nicht übertreiben. Schließlich ist Ihr

Kind noch ein zerbrechlicher Organismus. So gilt als Faustregel, dass mehr als fünf Minuten unter Wasser als bedenklich einzustufen sind. Sollten Sie sich für das Babyschwimmen entscheiden, dann machen Sie bitte nicht den Fehler, wie die meisten anderen Mütter und Väter, und gehen Sie nicht mit ins Wasser. Lassen Sie das Baby alleine schwimmen. Ohne Aufsicht macht es den Kindern doch sowieso am meisten Spaß. Aber der Hauptgrund, warum Sie nicht mit ins Wasser gehen sollten, liegt ganz einfach darin, dass, wie in einem der vorhergehenden Kapitel bereits erwähnt, das Kind in Bezug auf die Ausscheidungsvorgänge noch nicht voll funktionstüchtig ist. Es können daher Stoffwechselendprodukte in fester und flüssiger Form geradezu lautlos ins Wasser gelangen. Auch wenn ihnen dieser Vorgang von Ihrem Kind bereits vertraut ist, so bedenken Sie, dass dies eklige Ausmaße annehmen kann, wenn es bei allen 400 bis 500 Kindern innerhalb eines 40 qm Beckens passiert. In der Regel sind die Kurse sehr stark ausgebucht, und man findet häufig Besucherzahlen von über 600 Babys. Die hohe Besucherzahl hat sicherlich auch mit dem beliebten Hineinwerfen des Babys ins Becken zu tun. Viele Väter bringen zu diesem Zweck die Videokamera mit, um die Reaktion des Babys festzuhalten. Beliebt bei den Vätern sind in diesem Zusammenhang auch die großen Wasserrutschen oder das Dreimeterbrett. Werden die Säuglinge von diesen Startpositionen ins

Wasser geschubst, erhält der Hobbyfilmer eine ganz andere Dramaturgie in seinem Film. Damit Sie Ihr Kind im Tumult nicht verlieren, sollten Sie ihm ein Erkennungszeichen verpassen. Zum Beispiel ein kleines Farbbändchen umwickeln. Vorzugsweise binden Sie dieses an die Beinchen, da die Beine erfahrungsgemäß die meiste Zeit nach oben aus dem Wasser ragen. Sie können auch, nur um ganz sicher zu gehen, ein kleines Band um die Fuß-knöchel binden. Dies hat den Vorteil, dass Sie das Baby auch schneller wieder aus dem Wasser ziehen können, wenn die fünf Minuten um sind. Aber bei allem Spaß für Kind und Eltern gilt immer der Grundsatz - übertreiben Sie es nicht.

Erziehung

Kommen wir nun zu dem wohl wichtigsten Punkt im Umgang mit Ihrem neuen Baby. Die Programmierung der Verhaltensmuster Ihres Kindes. Man spricht in diesem Zusammenhang auch von der Erziehung des Kindes. Es ist eine der schwierigsten und komplexesten Sachen überhaupt. Es gibt nämlich so viele Möglichkeiten der Programmierung. Seien Sie aber gewarnt. Seit der Abnabelung des Kindes von der Mutter besteht keine direkte Zugangsleitung mehr zum Kind. Dies bedeutet alle Programmierversuche müssen über Augen und Ohren des Kindes in dessen Gehirn gespeichert werden. Das Problem dabei ist, dass das Kind diese Speicherung selbst vornehmen muss. Dies kann dazu führen, dass es entscheidet, bestimmte Verhaltensmuster, die Sie dem Kind einprogrammieren wollen, einfach nicht anzunehmen. Nehmen wir zum Beispiel an, Ihr Kind reißt ständig die Tischdecke mit allen darauf befindlichen Gegenständen herunter. Sie werden nun vielleicht denken, dass Sie in so einem Fall keine Tischdecken mehr verwenden werden. Falsch, völlig falsch. Das ist es ja, was der kleine Teufel vor hat. Sie sollen von ihm zu bestimmten Verhaltensweisen gezwungen werden. Hier heißt

39

es also - hart bleiben. Einen solchen Kampf dürfen Sie auf keinen Fall verlieren. Sie müssen Ihre ganze Energie darauf konzentrieren, auf der kleinen Gehirnfestplatte Ihres Babys einzuspeichern, dass es die Tischdecke nicht herunterreißen darf. Sie dürfen bei diesem Vorhaben ruhig kreativ sein. So etwas wie die richtige Methode gibt es nicht. Es ist der ewige Kampf Jung gegen Alt. Nur von einer Methode möchte ich ihnen trotzdem abraten. Versuchen Sie bitte nicht, körperliche Gewalt einzusetzen. Untersuchungen haben ergeben, dass der Speicherungsprozess dadurch erheblich gestört wird und dabei nur unerwünschte Nebeneffekte entstehen. Die körperliche Gewalt, die Sie auf das Kind übertragen, könnte sich sonst eines Tages in potenzierter Form gegen Sie selbst richten. Außerdem besteht die Gefahr, dass durch körperliche Gewalt Ihr Kind beschädigt wird. Da Sie aber bereits viel Zeit, Mühe und Arbeit in Ihr Kind gesteckt haben, sollten Sie nicht so leichtfertig sein, dies jetzt durch eine unüberlegte Handlung aufs Spiel zu setzen. Vielmehr rate ich Ihnen zu jeder nur denkbaren Anwendung von psychologischen Tricks. Der Belohnungstrick wird oft gerne von Eltern angewendet. In unserem Beispiel bedeutet dies, wenn das Kind sich überwinden kann, die Tischdecke nicht anzufassen, dann bekommt es etwas Süßes. Da Hunger eines der primärsten Bedürfnisse von Lebewesen ist, wird das Kind sich in den meisten Fällen fürs Essen entscheiden. Aber Achtung, wenn sich Ihre Erziehung nur auf diese Methode aufbaut, wird Ihr Kind später nichts mehr ohne Belohnung unternehmen. Vermutlich müssen Sie es später sogar bezahlen, damit es zur Schule geht. Eine andere Methode richtet sich an den Intellekt des Kindes. Man versucht, dem Kind das Prinzip von Ursache und Wirkung zu erklären. Für unser Eingangsbeispiel bedeutet dies, dass man dem Kind deutlich macht, was passieren wird, wenn es an der Tischdecke zieht. Weil das Kind nicht auf Erfahrungen zurückgreifen kann, wird es natürlich trotzdem an der Tischdecke ziehen. Sie unternehmen jedoch nichts dagegen, sondern gönnen sich den Spaß und schauen zu, wie das gute Geschirr von der Schwiegermutter auf das Baby einstürzt. Das Kind wird diesen Vorgang natürlich mit einem riesigen Schrei dokumentieren. Jetzt dürfen Sie Ihr Kind bloß nicht trösten. Hier müssen Sie einhaken, und die Programmierung auf der Festplatte Ihres Kindes vornehmen. Begleiten Sie das Schreien des Kindes mit vorwurfsvollen Sätzen wie: „Siehst du, was haben wir dir gesagt!" Oder seien Sie sachlich in dem Sie sagen: „Das was du eben erlebt hast, nennt man Gravitation, ein physikalisches Gesetz, dass du dir gut merken solltest!". Sollte sich Ihr Kind trotz intensiver Bemühungen als erziehungsresistent erweisen, so bleibt Ihnen immer noch die Möglichkeit einer Bestrafung. Sie sollten den Vorgang der Bestrafung nicht zu sehr auf die leichte Schulter nehmen. Es lastet eine große Verantwortung auf Ihnen. Immerhin werden Sie in diesem Prozess die drei Grundpfeiler unsere Demokratie (Judikative, Exekutive und Legislative) in sich vereinen. Eine Macht, die Sie in Ihrem alltäglichen Leben wohl kaum erhalten dürften. Sie sind es, der die Regeln für das Kind aufgestellt hat. Sie sind es, der darüber richtet, was bei Nichtbeachtung geschehen wird. Und Sie sind es auch, der die Sanktionen für das Kind verhängt und überwacht. Also kosten Sie diese Macht ruhig ein wenig aus. Zelebrieren Sie das Bestrafungsritual ruhig ein bisschen. Das Kind wird durch diese erhöhte Aufmerksamkeit eher gewillt sein, die Speicherung des Verhaltensmusters, welches Sie für richtig erachten, zuzulassen. Sie können zusammen mit Ihrem Ehepartner ein Kriseninterventionsteam bilden. Oder spielen Sie doch einfach eine Gerichtsverhandlung nach. Achten Sie aber dabei immer auf eine kind- und altersgerechte Ausführung dieser Sachen. Insbesondere, wenn Ihr Kind noch nicht sprechen kann. In diesem Fall beschränken Sie sich auf eine pantomimenartige Inszenierung Ihrer Gerichtsverhandlung. Um die Angelegenheit auch möglichst gerecht zu vollziehen, sollte sich ein Elternteil auf die Seite des Kindes stellen. Dieser Elternteil übernimmt sozusagen die Rolle des Rechtsanwaltes und versucht, Anhaltspunkte, die für das Kind sprechen, herauszustellen. In der Regel überneh-

43

men diesen Part die Mütter, die dann auch meistens die Verteidigung mit dem Satz beginnen: „Aber Schatz, er ist doch noch so klein!". Achten Sie aber darauf, dass bei dem Spiel - *guter Cop, böser Cop* - auch mal die Rollen getauscht werden. Es könnte sonst passieren, dass Ihr Kind eine Art Abneigung gegen den Bestrafer entwickelt. Da die Eltern dem Kind rhetorisch weit überlegen sind, verhält sich dass Kind während der Prozedur meist passiv. Richter und Verteidiger, also Vater und Mutter, geraten manchmal bei solchen Debatten außer Kontrolle. So wird sich häufig stundenlang gestritten. Oft wird dabei völlig das Ausgangsthema vergessen. Deshalb sollten Sie darauf achten, dass Sie nicht über das Ziel hinausschießen. Sonst kann es Ihnen passieren, dass Sie die Diskussion über die Vase, die Ihr Kind zerbrochen hat, beginnen, und plötzlich beim entdeckten Seitensprung des Mannes enden. Dies ist nicht nur unangenehm, sondern auch völlig unnütz, da das Kind nicht in der Lage ist, einen Zusammenhang zwischen dem außerehelichen Liebesleben des Vaters und der zerbrochenen Vase der Schwiegermutter herzustellen.

~ *fff* ~

Geschwister

Sollten Sie sich aller Warnungen zum Trotz entschieden haben, sich noch ein zweites oder wahnwitziger Weise noch ein drittes Kind anzuschaffen, so gibt es auch hier Besonderheiten, die es zu beachten gilt. Normalerweise erkennen die Eltern, nach dem Sie das erste Kind bekommen haben, dass Sie einen solchen Fehler kein zweites Mal machen werden. Aber es gibt ja immer wieder Ausnahmen. Solche Eltern denken vermutlich, dass Ihr erstes Kind nur ein Ausrutscher war, und dass man zweimal so ein Pech nicht haben kann. Aber bei allem Negativen muss hervorgehoben werden, dass ein Geschwisterkind auch Vorteile mit sich bringen kann. Wie hinreichend bekannt ist, lernen Kinder, die mit Geschwistern aufwachsen, schneller das sogenannte Sozialverhalten. Im Prinzip ist damit nichts anderes gemeint, als dass sich diese Kinder schneller in die Rangordnung eines sozialen Gefüges einordnen können. Der allseits bekannte Geschwisterzwist ist nämlich nichts weiter als der Kampf um einen bestimmten Platz in der Gruppe. Der Stärkere setzt sich durch und der Schwächere hat das Nachsehen. Sie sollten also den ständigen Streit Ihrer Kinder um ein bestimmtes Spielzeug nicht entnervt durch irgendeine Sanktion beenden.

Im Gegenteil, fördern Sie solche Konflikte, um so schneller wird jeder seinen Platz in der Familie finden. Leider ist das Familiengefüge keine statische Sache, so dass Sie mit dem Streit leben müssen, bis eines der Kinder auszieht. Logischerweise ist das kleinste und jüngste Kind in der Regel auch das Schwächste. Es ist also durchaus in Ordnung, dass Sie Ihrem Mutterinstinkt folgen und zunächst mal die Schuld immer dem älteren Kind geben, und das jüngere Kind auf diese Weise in den Schutz nehmen. Sie können seine natürliche Schwäche damit kompensieren. Außerdem ist es ja auch das Kind, was noch am neuesten ist, und verständlicher Weise liegen einem die neuen Anschaffungen immer am meisten am Herzen. Ein neu angeschafftes Auto mag man eigentlich in der ersten Nacht auch gar nicht so mutterseelenallein auf der Straße stehen lassen zwischen all den anderen alten und schmutzigen Fahrzeugen. Wenn Ihr jüngstes Kind mit der Zeit jedoch älter wird, müssen Sie darauf achten, dass Sie dem natürlichen Kampf der Geschwister freien Lauf lassen. Tun Sie es nicht, wird der Kampf an einem Ort ausbrechen, der Ihnen gar nicht behagt. Ich denke da an Supermärkte, Restaurants, Busse und Bahn, bei den Schwiegereltern, auf Geburtstagen anderer Kinder usw. Wichtig ist, dass Sie sicherheitshalber alle Gegenstände, die zu ernsthaften Verletzungen führen könnten, aus dem Zimmer verbannen. Plötzlich geht es los. Beide Kinder ziehen und zer-

ren an einem bisher von beiden völlig außer Acht gelassenen Spielzeug. Das ältere Kind ist logischerweise das Stärkere und wird so stark daran ziehen, dass das jüngere Kind umfällt. Als Abwehrmaßnahme wird das jüngere Kind nun anfangen zu schreien und zwar in einer Art und Weise, die eigentlich nur den Schluss zulässt, dass ein Notarzt benötigt wird. Da in der Vergangenheit in dieser Phase ein Elternteil dem jüngeren Kind zur Hilfe kommt, versucht das ältere Kind dem Geschwisterchen ein anderes Spielzeug in die Hand zu drücken, um den Anschein zu erwecken, es sei gar nichts passiert. Das jüngere Kind wird aber das Ersatzspielzeug nicht annehmen, sondern seinem Geheul noch eine stärkere Dramatik verleihen. Dies ist die typische Pattsituation. Der Ältere hat eigentlich gewonnen, weil er das Spielzeug hat. Doch kann er sich nicht darüber freuen und in Ruhe damit spielen, solange das jüngere Kind heult und er Angst haben muss, dass die Eltern eingreifen. Das jüngere Kind hat zwar kein Spielzeug, kann aber mit seinem Gebrüll immer noch die Eltern aktivieren, um so tröstende Zuneigung zu erhalten oder vielleicht ein neues viel interessanteres Spielzeug, dass ihm gegeben wird, damit es endlich wieder ruhig ist. Aber Sie dürfen in dieser Situation nicht weich werden. Bleiben Sie sitzen und tun Sie nichts. Tun Sie völlig unbeteiligt, oder holen Sie Ihre Videokamera und zeichnen Sie alles auf. Sie können das später vielleicht noch mal verwenden. Geschwister sind aber auch in der Lage, sich gegenseitig ihr Selbstvertrauen zu stärken. Sie werden erkennen, dass Ihre Kinder unter den 100 Kg Spielsachen einen Gegenstand herauspicken, den Sie als Heiligtum betrachten. Es ist dabei völlig egal, um was es sich handelt. Es kann eine Puppe, ein Auto oder ein Plüschtier sein. Aber in diesen Gegenstand legen die Kinder dann Ihre ganze emotionale Stärke. Dieser Gegenstand wird in jedem Fall verteidigt. Es wird niemandem gelingen, diesen Gegenstand wegzunehmen (jedenfalls nicht für längere Zeit). Sollte sich jemand dieses bestimmten Gegenstandes bemächtigen, dann werden Alters- oder Größenunterschiede total nebensächlich. Jedes Mal, wenn das geliebte Objekt erfolgreich gegen Angreifer verteidigt wurde, wächst das Selbstbewusstsein des Kindes. Zu Problemen kann das manchmal führen, wenn die Eltern der Meinung sind, dass vom geliebten Objekt eigentlich nicht mehr genug da ist, was es wert wäre, zu beschützen. Ich rate Ihnen, versuchen Sie niemals, die Lieblingspuppe Ihrer Tochter wegzuschmeißen, auch wenn Sie bereits keine Arme und Beine mehr besitzt. Ich warne Sie davor, auch nur daran zu denken, das Lieblingsauto Ihres Sohnes zu entsorgen, nur weil es keine Räder und kein Dach mehr besitzt. Sie werden einen Kampf erleben, den Sie unmöglich gewinnen können. Es haben sich schon Eltern durch ganze

Müllberge gebuddelt, nur um den Hausfrieden wieder herzustellen.

Gib mir sofort meinen Teddy zurü ck!!!!

Haustiere

Die Erziehung oder auch Programmierung Ihres Kindes ist eine schwierige und sehr wichtige Angelegenheit. Zu Beginn ist der Hirnspeicher, genau wie die Festplatte Ihres Computers, noch fast leer. Mal abgesehen vom Betriebssystem verfügt das Kind über keine eigenen Gedanken oder weitreichendere Gefühle. Sie allein sind verantwortlich dafür, was sich nun alles in diesem kleinen Kopf speichert. Als Beispiel für die Wichtigkeit dieses Vorgangs soll hier nun die Beziehung zu bestimmten Tierarten herausgestellt werden. Immer wieder ist festzustellen, dass sich Ekel, Angst und Abscheu vor bestimmten Tieren bereits im Kindesalter manifestieren. Also übertragen Sie Ihren eigenen Ekel nicht auf Ihr Kind. Lassen Sie es doch einmal vergnügt mit Spinnen, Küchenschaben oder Kellerasseln spielen. Auch das versehentliche Verschlucken dieser Insekten ist entgegen der verbreiteten Meinung weder gefährlich noch schlimm. Der ungezwungene Umgang mit Insekten in dieser Art und Weise schafft vielleicht bei Ihrem Kind die Voraussetzungen für einen im Kommen liegenden Ernährungstrend. Das Verzehren von Insekten ist aus ernährungswissenschaftlicher Sicht sehr zu

empfehlen. Insekten sind sehr eiweißreich. Wenn Sie also wieder einmal vergessen haben, etwas zu essen für Ihr Kind mitzunehmen, scheuen Sie sich nicht, ruhig einmal eine frische Heuschrecke vom Baum zu pflücken, und Sie Ihrem Kind in den Mund zu stecken. Da Kinder das Bedürfnis haben, mit ihrem Essen zu spielen, wird diese Art der Ernährung Ihrem Kind völlig neue Welten öffnen. Aber auch der Umgang mit Haustieren kann Ihrem Kind ein harmonisches Leben mit der Tierwelt eröffnen. Jedoch wird in diesem Zusammenhang nur allzu gerne auf die so üblichen Haustiere wie Hund, Katze oder Meerschweinchen zurückgegriffen. Dabei gibt es so viele faszinierende Tierarten. Sie können doch mit Ihrem Kind gemeinsam die Welt der exotischen Tiere erforschen. Es ist doch auch viel interessanter für ein Kind, die eigene Schlange und Ratte beim Kampf des Stärkeren zu beobachten. Außerdem kann das Kind so auch gleich etwas über den inneren Körperaufbau und die Organe lernen, wenn sich zum Beispiel Ihr teuer erstandener Weißkopfadler über ein Kaninchen hermacht. Sie sehen also, es gibt eine Vielzahl von Möglichkeiten, Ihr Kind vorurteilsfrei gegenüber sämtlichen Tieren aufwachsen zu lassen. Darum nehmen Sie Ihrem Kind das nächste Mal nicht gleich die Kakerlake aus dem Mund, wenn es beim Krabbeln eine gefunden hat. Seien Sie tolerant und gehen Sie immer mit gutem Beispiel voran. Eine im Kreise der Familie verspeiste Ameisensuppe kann soviel mehr bewirken, als dies ein jahrelanger Biologieunterricht in der Schule vermag.

Sicherheit

Der Schutz Ihrer lebenden Neuerwerbung sollte immer im Vordergrund stehen. Denken Sie nur daran, dass die Produktion Ihres Kindes allein neun Monate in Anspruch genommen hat. Beschützen Sie deshalb Ihr Kind zu jederzeit so gut es geht. Sie werden aber mit dieser Verantwortung nicht gänzlich allein gelassen. Die Industrie unterstützt Sie da mit einer Reihe von technischen Apparaturen und Spielereien, an denen Sie selbst gewiss auch Freude haben werden. Da wäre zunächst einmal, sozusagen als absolutes Muss, das Babyphone. Aber lassen Sie sich beim Kauf eines Babyphone bloß nicht mit einer simplen Gegensprechanlage abspeisen. Achten Sie darauf, dass Sie eine Reichweite von mindestens 2 km hat. So haben Sie die Möglichkeit, auch joggen gehen zu können, ohne dass Sie sich direkt um das Kind kümmern müssen. Sollten Sie jedoch vorhaben, in das 20 km weit entfernte Einkaufszentrum zu fahren, so empfiehlt sich die Raumüberwachungsmethode mittels Handy. Hängen Sie das Handy dem Baby einfach um den Hals, und machen Sie sich um die Strahlung, die davon ausgeht keine Gedanken. Das meiste, was man darüber hört, ist doch nur Gerede. Und bisher hat sich auch noch kein Baby über die

Strahlung beschwert. Im Gegenteil, so machen Sie das Kind gleich mit der Technik vertraut. Es kann dann später mit den anderen Kindern im Kindergarten bereits die ersten SMS-Nachrichten austauschen. Sie sollten im Zusammenhang mit der Tonübertragung natürlich auch an die ständige Bildüberwachung denken. Videokameras in allen Größen bieten einen hervorragenden Einblick in das Kinderbettchen. Haben Sie eine Kamera installiert, können Sie sogar ein paar Tage in den Urlaub fahren. Denn Sie haben ja nun die Möglichkeit, die Bilder direkt ins Internet zu übertragen, so dass Sie sie von jedem Punkt der Erde aus abrufen können. Außerdem verpassen Sie so keine Sekunde im Leben Ihres Babys. Sie können den Moment, in dem es gerade genüsslich ins Kissen sabbert oder in die Windel kackert, festhalten, abspeichern, ausdrucken oder gleich per Email an alle Leute schicken, die Sie kennen. Natürlich muss auch dafür gesorgt sein, dass der Gesundheitszustand des Babys permanent überwacht wird. Aber Dank der heutigen Technik ist auch das kein Problem mehr. Ein neuentwickeltes System überwacht Atmung und Herztöne des Kindes. Dies ist notwendig, um dem unerfreulichen Kindstod rechtzeitig entgegenwirken zu können. Aber das Schönste an der Sache ist, dass Sie diese Daten mit einem Computerprogramm auswerten können. Sie können somit herrliche Grafiken über die Atemfrequenzen ihres Kindes erstellen. Die Da-

ten können Sie dann auch mit anderen Vätern über das Internet austauschen. Dies hat natürlich überhaupt keinen praktischen Sinn. Aber so haben Sie wenigstens einen Vorwand, um im Internet zu surfen. Neben Atmung und Puls gibt natürlich auch die Körpertemperatur Aufschluss über den Zustand des Babys. Wie Sie wissen, wird die Körpertemperatur über die Körperöffnungen gemessen. Die Industrie hat bereits für jede Körperöffnung ein passendes Messinstrument hergestellt. Da die Geräte trotz präziser Fertigungsverfahren Toleranzbereiche aufweisen, sollten Sie sicherheitshalber in allen Körperöffnungen gleichzeitig die Temperatur messen, und dann den Durchschnittswert errechnen. Da dies sehr zeitaufwändig ist, lassen Sie die Messgeräte am besten gleich in den Körperöffnungen stecken. Wenn Sie wieder herausfallen sollten, lassen Sie sich etwas zur dauerhaften Befestigung einfallen. Im Weiteren ist es absolut notwendig, dass Sie Schutzhandschuhe für Ihr neues Baby anschaffen. Die kleinen Biester neigen nämlich dazu, sich mit den Fingernägeln Gesicht und Augen zu zerkratzen. Das machen die mit Absicht, um die Aufmerksamkeit der Eltern zu erhalten. Sie sollten deshalb, wenn Sie keine Handschuhe für das Kind haben, einfach zwei Handtücher um die Hände wickeln. Und wenn Sie schon dabei sind, dann wickeln Sie auch eins um den Kopf. So kann es sich nicht stoßen. Auf jeden Fall sollte über dem Kinderbettchen auch ein

Rauchmelder angebracht sein. Auf diesen sollten Sie keinesfalls verzichten. Auch wenn Sie das Kinderzimmer noch so gut überprüft haben, man kann nie wissen, wo die Kleinen überall Zigaretten versteckt haben. Wenn Sie das Kind einmal baden sollten, dann tun Sie dieses bitte nicht allein. Es sollten immer mindestens sechs Personen das Baby festhalten, damit es nicht untergeht. Wenn Sie nicht so viele Personen in Ihrem Haushalt sind, fragen Sie Nachbarn um Hilfe. Wer keine Nachbarn hat, dem rate ich zum Erwerb eines Babybadeeimers. Hört sich niedlich an, ist aber nichts anderes als ein gewöhnlicher Eimer, in den das Baby gesteckt wird. Der Eimer sollte nicht zu groß sein, damit dass Baby sich darin nicht bewegen kann. Es darf sich um Gottes Willen nicht bewegen. Hat es sich erst einmal freigestrampelt, ist es fast unmöglich, es wieder einzufangen. Bedenken Sie, es hatte neun Monate Zeit, im Fruchtwasser das Schwimmen und Tauchen zu üben.

~ 𝆑𝆑𝆑 ~

59

Orale Phase

Mit jedem Tag lernt Ihr Baby etwas Neues. Dies macht es teilweise auch von ganz allein. Das ist gut so, denn so brauchen Sie sich nicht die ganze Zeit mit dem Kind zu beschäftigen. Sie können zum Sport fahren oder alte Klassenkameraden besuchen. Das Problem ist, dass Sie in diesen Zeitintervallen keinen Einfluss nehmen können auf das, was das Kind neu lernt und entdeckt. Das Kind befindet sich im ersten Lebensjahr in der sogenannten oralen Phase. Die Erforschung und Entdeckung der Umwelt wird über den Mund vorgenommen. Dies geschieht, weil das Kind noch nicht sprechen kann, aber trotzdem irgendwie die Lippen trainiert werden müssen. Im Klartext heißt das, dass Ihr Kind alles in die Backen stopfen wird, was nicht niet- und nagelfest ist. Ich meine damit alte Socken, Zahnpasta, Hundekot, Sand, Seife, Alkohol, Tabletten, Schrauben, Toilettenreiniger, Schuhsohlen, Kleiderbügel und Münzgeld. Die Aufzählung ist übrigens abschließend. Auf diese Weise kann das Kind die Gegenstände begreifen und muss später nur noch üben, den entsprechenden Namen dafür auszusprechen. Sie sollten allerdings darauf achten, dass Ihr Kind nicht wichtige Verträge und Unterlagen in die Finger bekommt. Interessanterweise geht mit der oralen Erforschung der Gegenstände in der Regel auch deren totale Zerstörung einher. Also, geben Sie dem Kind nur Kopien zu lesen. Die orale Phase ist in der Regel unproblematisch, und zwar bis zu dem Punkt, an dem das Kind die ersten Zähnchen bekommt. Das Kind hat bei Auslieferung noch keine Zähne, da es ja, wie bereits erwähnt, zunächst über die Brust und dem daran befindlichen Verbindungszapfen (Brustwarze) ernährt wird. Wären die Zähne bereits voll ausgebildet, bestünde die Gefahr, dass besagter Verbindungszapfen beim Saugen abgeschert wird. Entsprechende medizinische Versuche haben bewiesen, dass der Verbindungszapfen nach Abscherung nicht wieder nachwächst. Bekommt nun das Kind nach einer gewissen Zeit die ersten Zähne, so muss es nun den Umgang damit lernen. Dies übernimmt das Kind total eigenständig. Es wird zunächst anfangen, auf allen nur erdenklichen Gegenständen herumzukauen. Dabei ist das Kind nicht wählerisch. Teilweise werden sogar die Eltern angeknabbert. Wadenbeißer nennt man solche Kinder. Sie können ähnliche Verhaltensweisen auch bei Hunden oder Nagetieren beobachten. Daran kann man erkennen, dass wir gemäß Evolution von den Tieren abstammen. Wenn Ihnen also Ihre Gesundheit wichtig und Ihre Möbel heilig sind, dann treffen Sie entsprechende Vorsichtsmaßnahmen. Es gibt da zwei gängige Methoden. Die offene und die strenge

62

Methode. Bei der offenen Methode, auch antiautoritäre Methode genannt, lassen Sie das Kind machen, was es will und schützen sich eben so gut Sie können. Das bedeutet, Sie tragen den ganzen Tag Stiefel und rüsten Ihre Möbel mit Metallbeschlägen an den Ecken und Kanten aus. Bei der strengen Methode gehen Sie der eigentlichen Ursache auf den Grund und verpassen dem Kind eine Art Maulkorb. Es sieht nicht schön aus, ist aber die effektivere Methode. Zähnchen kriegen bedeutet aber auch Zähnchen pflegen. Sie sollten deshalb als Eltern bereits von Anfang an darauf achten, dass Ihr Kind sorgfältige Zahnpflege betreibt. Sie dürfen Ihr Kind dabei ruhig psychologisch unter Druck setzen. Holen Sie sich den Großvater mit seinen dritten Zähnen heran. Erklären Sie dem Kind, dass seine Zähne alle ausgefallen sind, weil er sich als Baby nie die Zähne geputzt hat. Erhöhen Sie den Druck auf Ihr Kind, wenn die ersten Milchzähne ausfallen. Machen Sie ihm klar, das käme nur vom schlechten Zähneputzen. Dies klingt zwar überzogen, aber Sie werden sehen, wie gut das Kind sich um die nachwachsenden Zähne kümmert. Das Kind wird es für ein Wunder halten, dass die Zähne wieder nachwachsen. Sie müssen ihm dann klar machen, dass dies total ungewöhnlich sei und dass es so eine Chance im Leben nicht noch einmal erhalten wird. Womit Sie ja auch recht haben.

Fremdeln

Im ersten Lebensjahr des Kindes gibt es eine Phase, die von erstaunlicher Intensität gekennzeichnet ist. Das Kind fängt nämlich an zu spüren, dass die gesamten Anstrengungen der Eltern darauf abzielen, dass Gör wieder aus dem Haus zu bekommen. Das Kind merkt, dass die Eltern daran arbeiten, dass es möglichst schnell selbständig wird. Es begreift nun, dass die Abnabelung nach der Geburt und die Umstellung von der Mutterbrust auf feste Nahrung nur den Zweck hatten, dass Kind so weit zu bringen, dass es sich später einen Job sucht und wieder auszieht. Diesem Streben der Eltern widersetzt sich das Kind nun. Es wird versuchen, den Urzustand, damit ist die geborgene Sicherheit im Mutterleib gemeint, wieder herzustellen. Es ist natürlich klar, dass das technisch gar nicht möglich ist. Dennoch versucht das Kind, durch sein Verhalten einen möglichst annähernden Zustand herzustellen. Und dieser Zustand ist ganz nah bei Mami. Das bedeutet, das Kind bemüht sich, immer so dicht wie möglich bei der Mutter zu bleiben. Dabei ist es völlig egal, welche Tätigkeiten die Mutter verrichtet. Um den Kontakt mit der Mutter nicht zu verlieren, klammert sich das Kind saugnapfartig an die Mama. Sollte die

Mutter einmal versuchen, das Kind jemand anderem auf den Arm zu geben, weil es ja ein paar Tätigkeiten gibt, die man wahrhaftig nur alleine durchführen kann, dann wird es dies mit sofortigem akustischem Signal (also Schreien) quittieren. Dabei durchläuft das Schreien drei unterschiedliche Stufen, die je nach nervlichem Zustand der Mutter ganz oder teilweise durchlaufen werden. In der ersten Phase nach der Trennung von der Mutter verzieht das Kind zunächst das Gesicht zu einer total entsetzten Fratze. Begleitet wird dies von kurzem stoßartigem panischem Gejammer. Sollte die Mutter das Kind dann nicht zurücknehmen, beginnt Phase zwei. Sie kündigt sich mit einer kurzen aber intensiven Ruhepause an, die dem Kind dazu dient, möglichst viel Luft zu holen, um dann sogleich die Luft mit einem entsetzlichen Schrei wieder herauszupressen. Hier geben die meisten Mütter bereits auf und machen dem Spaß ein Ende. Sollten Sie aber bereits eine sehr abgestumpfte Mutter sein, dann holt das Kind zur alles entscheidenden Phase drei aus. In dieser Schreiphase wird der bereits helle und hohe Ton des Schreis noch mindestens eine Oktave höher geschraubt. Es ist jetzt auch mehr ein Kreischen und ähnelt dem Geräusch, das Kreissägen machen. Dieses Kreischen ist derartig panisch und angsteinflössend, dass entweder die Person, die das Kind jetzt auf dem Arm hat, schnellstmöglich versucht, es wieder loszuwerden, oder aber die

66

Mutter das Kind von selbst wieder zurücknimmt, weil Sie bereits ein schlechtes Gewissen hat. Denn durch dieses Kreischen werden sich im Umkreis von 4 km alle Leute zu Ihnen umdrehen und Sie vorwurfsvoll anschauen. Es ist ganz egal, dass Sie gar nichts mit dem Kind angestellt haben. Es reicht aus, dass alle anderen denken, Sie hätten. So bleibt der genervten Mutter nichts anderes übrig, als das Kind bei sich zu behalten. Und deshalb schnallen sich die Mütter ihre Kinder auf den Bauch und gehen mit ihnen ins Kino, ins Theater, ins Restaurant, und viele nehmen die Kinder auch mit ins eheliche Bett. Dies allerdings wirft häufig neue Probleme auf, da der Vater des Kindes ebenfalls einen Schreikrampf bekommen könnte. Der Vater hat hin und wieder ganz ähnliche Bedürfnisse wie das Baby. Auch er versucht, möglichst nah bei seiner Frau zu sein, um so den Urzustand (Mutterleib) wieder herzustellen. Er kann dabei meistens sogar weiter vordringen, als es dem Kind möglich ist. Zwischen Vater und Baby entsteht damit wieder eine Art Konkurrenzkampf. Wenn das Kind später größer ist und die Prinzipien der Marktwirtschaft verstanden hat, dann kann der Vater sein Kind mit Geld wegschicken, um seiner Frau mal wieder nah sein zu können. So kommt es, dass Kinder von sexuell aktiven Eltern, auch das meiste Taschengeld haben. Wenn Sie also etwas über die Penetrationshäufigkeit Ihrer Nachbarn wissen wollen, dann fragen Sie mal nach, wie viel

Taschengeld deren Kinder bekommen. Für viele Männer ist die Lösung mit dem Taschengeld aber nicht sehr befriedigend, da Sie das Gefühl haben, für Sex bezahlen zu müssen. Schließlich heiratet Mann, damit das ein Ende hat. Was können Sie also tun, um die sogenannte Fremdelphase zu überstehen. Nun, da gibt es verschiedene Möglichkeiten. Sie können zum Beispiel an den Symptomen herumdoktern. Wenn Ihr Kind jedes Mal schreit, wenn es von Ihnen getrennt wird, dann kleben Sie ihm doch einfach den Mund zu. Auf diese Weise kann das Kind nicht auf sich aufmerksam machen. Zusätzlich können Sie es auch irgendwo festschnallen, damit es die Distanz zur Mutter nicht überbrücken kann. Eine übrigens sehr häufig angewandte Methode. Achten Sie mal beim nächsten Spaziergang darauf, wie viele Babys in ihren Kinderwagen angeschnallt sind. Sollten Sie diese Vorsichtsmaßnahmen nicht getroffen haben und fängt Ihr Baby in Stufe drei an zu schreien, dann drehen Sie sich einfach zusammen mit den anderen Leuten um und schauen Sie vorwurfsvoll auf das Baby. Auf diese Weise können Sie die Peinlichkeit umgehen, die das Baby versucht mit dem Schreien hervorzurufen. So weiß niemand, dass es sich um Ihr Kind handelt. Sie sollten aber mit der Person, der Sie das Kind übergeben vorher absprechen, dass die Person das Kind auf keinen Fall wiederhergibt. Wenn diese Person weich wird, dann hat das Baby gewonnen, und das wollen Sie doch schließlich nicht.

Großeltern

Ein strategisch wichtiger Zeitpunkt, sowohl für die Eltern als auch für das Kind, ist das Zusammentreffen mit den Großeltern. Sollte das Kind leider keine Großeltern mehr haben, dann können Sie dieses Kapitel überspringen und sich freuen, dass Ihnen eine Menge Stress erspart geblieben ist. Großeltern sind auf der einen Seite ein Segen für das Kind und auf der anderen Seite Feinde des elterlichen Erziehungssystems. Großeltern stellen nämlich die eigenen Erziehungsregeln binnen weniger Stunden auf den Kopf und reißen das über Monate aufgebaute Autoritätspodest, dass die Eltern gegenüber Ihrem Kind errichtet haben, wieder ein. Das machen die mit voller Absicht. Auf diese Weise kompensieren Sie den Frust, den Sie selbst als junge Erziehungsberechtigte mit ihren eigenen Eltern erlebten. Es ist so eine Art verschobene Aggression. Bei den Großeltern dürfen die Kinder alles. Und was macht Ihr Kind? Es nimmt den gewonnenen Freiraum sofort an, und verbucht es als neue Eroberung und damit als unumstößliches geltendes Recht. Und was tut ein Mensch, wenn man ihm seine Rechte nehmen will, er kämpft darum, er verteidigt sie. Die Verteidigung dieser neuen Rechte beginnt natürlich erst

71

dann, wenn die Großeltern wieder weg sind. Dann sind wieder Sie der Dumme. Sie können dann mit übermenschlichem Aufwand dafür sorgen, dass sich bestimmte Regeln und Verhaltensmuster wieder im Gehirn Ihres Kindes festsetzen. Es ist ähnlich wie bei Ihrem Computer. So ein Programm ist schnell mal gelöscht, aber die Neuinstallation nimmt schon weit mehr Zeit und Kraft in Anspruch. Und anschließend das Programm auch noch mit den alten Daten zu füttern, ist schon ein irrer Aufwand. Ein Beispiel: Sie haben bei Ihrem Kind über Wochen intensiv daran gearbeitet, dass es keine Schränke öffnen und den Inhalt nicht malerisch im ganzen Zimmer verteilen soll. Insbesondere haben Sie versucht, dem Kind zu erklären, dass es sich nicht an den technischen Geräten vergreifen soll. Sie haben Ihre ganze Kraft dafür aufgewendet, dem Kind diese Regeln beizubringen, nachdem Ihr kleiner Teufel die Videosammlung entdeckt hatte und feststellte, dass es ein toller Spaß ist, das Magnetband Stück für Stück aus der Kassette herauszuziehen. Sie haben es natürlich erst bemerkt, als Ihr Kind schon die Hälfte Ihrer Videosammlung entschärft hatte. Dabei hatten Sie sich noch gewundert, dass Ihr Kind seit über einer Stunde ganz ruhig „spielt". Sie haben sich nichts dabei gedacht sondern waren nur froh, dass Sie endlich mal ein bisschen Ruhe haben. Hinterher haben Sie sich natürlich Vorwürfe gemacht und sich ganz fest vorgenommen, dem

Kind beizubringen, nicht an die Schränke zu gehen. Nach Wochen intensiver Bemühungen und immer wiederkehrender Rückschläge, schien dann Ihr Kind verstanden zu haben, was Sie eigentlich von ihm wollen. Ja, und dann kommen die Großeltern. Statt Sie nun zu unterstützen, machen Sie genau das Gegenteil. Sie scheinen das Kind offensichtlich noch zu ermuntern, auf eine Entdeckungsreise durch die Welt der Schränke und Schubladen zu gehen. Wie Sie sich sogar zusammen mit dem Kind freuen, wenn es etwas ganz Tolles entdeckt hat, wie zum Beispiel Papas Videokamera. Es kommen dann nur verzückte Kommentare: „Sie nur, der Kleine weiß ja sogar schon, wie man fotografiert". Angespornt von solch einer positiven Reaktion erwachsener Menschen, wird das Kind nach noch tolleren Sachen suchen. Natürlich wollen die Kinder deshalb am liebsten nur noch zu Oma und Opa. Sie betrachten die Wohnung und die Gegenwart der Großeltern als autonomes Gebiet, in dem man wirklich alles darf. Als wenn dadurch der Sympathievorsprung der Großeltern nicht schon enorm genug wäre, versuchen Sie auch andauernd sich die Liebe des Kindes zu erkaufen. Kein Besuch der Großeltern, bei dem das Kind nicht irgendetwas geschenkt bekommt. Sie selbst versuchen, dem kleinen „Biest" ständig zu erklären, dass es Geschenke nur zu den Festlichkeiten wie Geburtstag, Weihnachten usw. gibt. Und die Großeltern strafen Sie bei jedem

Besuch Lügen, so dass der Eindruck entsteht, dass die Eltern, die Einzigen sind, die nichts schenken. Obwohl die Großeltern ein Verhalten an den Tag legen, dass jeder modernen Erziehungsmethode wiederspricht, so geschieht es trotzdem, dass Sie den Eltern des Kindes kluge Ratschläge zum Umgang geben. Insbesondere die Omas und Schwiegeromas neigen dazu, die Erziehung und die Handhabung in Frage zu stellen. Wenn das Kind schreit, so hört man von ihnen in der Regel die Bemerkung, ob das Kind nicht noch Hunger habe. Besonders in der Stillzeit neigen die Großmütter dazu, festzulegen, dass die Mutter des Kindes zu wenig Milch hat und deshalb zufüttern muss. Das machen die deshalb, weil Sie so in der Lage sind, das Kind auch mal zu füttern. Außerdem stopfen Großeltern den Kinder nur allzu gerne irgendetwas in den Mund. Bei älteren Menschen, die keine Kinder haben, kann man dieses Verhalten auch beobachten, in dem Sie kleine Hunde voll stopfen. Das ist quasi ein Enkelersatz. Außerdem kann man feststellen, dass Großmütter eine völlig entgegengesetze Meinung zur Kleiderordnung des Babys haben. In der Regel sind die Omas der Meinung, das Kleine sei zu kalt angezogen. Dies liegt zum einen daran, dass die Alten selbst ständig frieren und das auch auf alle anderen Personen beziehen, und zum anderen, dass die Omas jede Möglichkeit ausnutzen, um dem Kind irgendwas zu stricken und zu häkeln. Die Jäckchen und Mützchen haben dann meist den hochaktuellen Schick von 1950. Man könnte das Baby oft unbesehen in ein Museum in die Abteilung antiquarisches Spielzeug stecken, ohne dass es groß auffallen würde.

Schlafen

Mit Ihrem Baby verhält es sich so wie mit einem neuen Akku. Dieser besitzt viel mehr Leistung als die herkömmlichen Batterien der alten Generation. Die Energie eines neuen Akkus ist anfänglich ziemlich schnell verbraucht. Erst nach einer gewissen Anzahl von Ladevorgängen kann er seine volle Leistungsfähigkeit erreichen. Diese Ladevorgänge sind bei Ihrem Baby die Schlafphasen. Es sind sehr wichtige Phasen. Sie sind weniger wichtig für das Kind, sondern viel mehr wichtig für Sie als Elternteil. Denn nur in den Schlafphasen Ihres Babys haben Sie selbst die Möglichkeit, Ihre eigenen abgenutzten Akkus wenigsten halbwegs aufzutanken. Da Ihr Kind über einen Hochleistungsakku der neuesten Generation verfügt, laden sich seine Batterien 4-mal schneller auf. Das bedeutet, Ihr Baby ist immer dann wach, wenn Sie sich eigentlich noch im Tiefschlaf befinden. Der Not gehorchend, brechen die Eltern nun Ihre eigene Schlafphase ab, um sich dem schreienden Balg zu widmen. Dabei ist ein Effekt zu beobachten, der auch bei den technischen Akkus wiederzufinden ist. Gemeint ist der sogenannte *Memory* - Effekt. Die Eltern sind damit nicht in der Lage, Ihre eigenen Kraftreserven wieder voll aufzuladen. Die Folge ist,

dass Mama und Papa annehmen, dass 3 Stunden Schlaf täglich ausreichend sind, um wieder so erholt zu sein, dass Sie sich 100%ig um das Baby kümmern können. Dadurch entsteht eine umgekehrte Proportionalität. Das Baby saugt quasi die Lebensenergie, die Sie selbst verlieren, in sich hinein. Die Folge ist, dass Ihnen das Baby in den Wachphasen mit seiner jugendlichen Energie förmlich ins Gesicht springt, während sich die Anzahl Ihrer Augenringe schon im zweistelligen Bereich befindet. Diesem Prozess können Sie jedoch mit ein paar Tricks entgegenwirken. Sollte das Kind insbesondere nachts anfangen zu schreien, so können Sie dies getrost ignorieren. Der akustische Ausbruch Ihres Babys ist nur das Signal dafür, dass der Akku jetzt wieder voll ist. Da insbesondere Säuglinge noch keiner Arbeit oder hauswirtschaftlichen Tätigkeit nachgehen können, besteht keine Möglichkeit für das Baby, diese Energie auf sinnvolle Weise abzubauen. Deshalb lassen Sie das Kleine ruhig ein paar Stunden schreien. So kann es seine Energie bündeln und in akustische Signale umwandeln. Im Prinzip tun Sie also Ihrem Kind damit einen Gefallen. Und wenn es müde ist, kann es ja einfach die Augen zu machen. Leider gibt es bei der Umsetzung dieser Methode ein paar Dinge zu beachten. Der Energieausstoß des Kindes ist nicht zu unterschätzen. Besonders in den älteren Mehrfamilienhäusern kann der Babyschrei zu Streit mit den Nachbarn führen. Tests haben ergeben, dass ein gesunder Babyschrei durch sieben Wände dringen kann, und dann immer noch in Zimmerlautstärke zu hören ist. Ich empfehle bei Beschwerden aus der Nachbarschaft, den Nachbarn einfach das Kind mitzugeben. Geben Sie schelmisch zu, dass Sie selbst nicht in der Lage sind, das Kind zu beruhigen. Geben Sie es den Nachbarn mit, damit diese versuchen, den Ton abzustellen. Keine Angst, Ihrem Kind passiert nichts. In ca. 25 Minuten haben Sie es spätestens (immer noch schreiend) zurück. Der angenehme Nebeneffekt ist, dass sich diese Nachbarn bei Ihnen nicht wieder beschweren werden. Sollten Sie zu den glücklichen Menschen gehören, die keine Nachbarn haben, dann müssen Sie sich nur selbst schützen. Die billigste Methode ist, sich etwas in die Ohren zu stopfen. Sollten Sie es professioneller lieben, dann empfehle ich, das Kinderzimmer mit einer Schallisolierung zu versehen. Seien Sie unbesorgt, Sie verlieren dadurch nicht den persönlichen Kontakt zu Ihrem Kind. Wie bereits in einem der vorherigen Kapitel erklärt, haben Sie ja jederzeit die Kontrolle über die Videokamera und das Babyphon. Sie sollten diese Hinweise nicht ignorieren. Insbesondere in der ersten Zeit nach Erhalt des Babys, ist dieses häufig wach, um Nahrung aufzunehmen. Die Versorgung erfolgt, wie bereits erwähnt, anfänglich über die Brust der Mutter. Zwangsläufig müssen diese dann auch dabei sein, wenn das Kind trinken will. Allerdings haben Sie als Mutter Einfluss darauf, wann das Baby etwas trinkt. Seien Sie gleich von Beginn an konsequent und stillen Sie Ihr Kind nur, wenn der Rest der Familie auch isst. So gewöhnt sich das Kind gleich an die festen Essenszeiten im Haus. Wird das Kind älter, nimmt auch seine Mobilität zu. Es kann sich dann durch Krabbeln bzw. später durch Laufen fortbewegen. Es muss dann die Mutter nicht mehr durch Geschrei herbeirufen, sondern kann die Entfernung zur Mutter selbständig überbrücken. Die Folge ist, dass das Kind in der Nacht ständig im elterlichen Schlafzimmer anzutreffen ist. Die Nähe der Mutter lässt das Kind viel entspannter und tiefer schlafen. Das bedeutet aber auch, dass die Akkus des Babys noch schneller aufgeladen sind. Die elterliche Schlafphase wird dadurch noch kürzer und von geringerer Effizienz. Da Mutter und Vater eine ständige Kontrollfunktion über das Kind ausüben, ist es ihnen nicht möglich, tief zu schlafen. Eine ständige unbewusste Überwachung des Kindes verhindert dies. Um diesem nächtlichen Ablauf entgegenzuwirken, hat die Industrie sogenannte Gitterbetten hergestellt. Es handelt sich dabei um Kinderbettchen, die von einem Zaun umgeben sind. Das Revier des Kindes wird damit abgesteckt, und es kann nun nicht mehr die Alten stören. So ein abgestecktes Revier gibt es auch für den Tag. Es wird verniedlichend „Laufgitter" genannt. Es ist jedoch nichts anderes als der oben beschriebene Zaun, jedoch ohne Bett. Hat das Kind eine gewisse Größe und eine gewisse Fähigkeit erreicht, wird es ausbrechen. In der Regel klettern die Kinder dann über den Zaun hinweg. Ganz wenige zerlegen ihn auch in Einzelteile. Wenn es soweit ist, dann ist auch die Industrie überfordert. Sie können dann das Kind nur noch einschließen oder anbinden, um es sich vom Hals zu halten.

Einkaufen

Früher ging der Mann am Tage mit der Keule auf die Jagd und kam am Abend mit etwas Essbarem, der sogenannte Beute, zurück. Heutzutage geht der Mann am Morgen immer noch von der Familie fort, jedoch bringt er am Abend allenfalls schlechte Laune mit nach Hause. Diese Wandlung ist Ausdruck der menschlichen Evolution und Emanzipation der Frauen und Mütter. Heute schleppen in der Regel die Mütter die Nahrung heran. Dies ist möglich geworden, da in unserer hoch entwickelten Kultur die Beute schon tot in den Regalen der Supermärkte liegt. Die moderne Frau ist deshalb nicht mehr gezwungen, die Nahrung vorher zu jagen und zu töten, wodurch ihre natürliche körperliche Unterlegenheit kompensiert wird. Die moderne Frau und Mutter hat jedoch auch einen entscheidenden Nachteil bei der Nahrungssuche gegenüber dem früheren Jagdverhalten der Männer. Sie hat die Kinder dabei am Hals. Dieser Umstand ist auf keinen Fall bei der Planung des Einkaufs für die Familie zu vernachlässigen. Kinder beeinflussen das Kaufverhalten der Mütter ernorm. Durch Weinen, Schreien, Kratzen, sich auf den Boden werfen, Spucken und Hyperventilieren versuchen die Kinder, das Kaufverhalten der Mutter

82

zu beeinflussen. Seien Sie Ihrem Kind jedoch nicht böse für derartige Wutausbrüche. Ihr Kind ist rein intellektuell noch nicht in der Lage, den Vorgang des Einkaufens aus markwirtschaftlicher Sicht zu begreifen. Aus Sicht des Kindes sieht es so aus, als gingen Sie mit ihm in einen Raum voller ganz toller Sachen. Aber aus all diesen tollen, wohlschmeckenden und riechenden Sachen suchen Sie sich als Mutter ausgerechnet die langweiligsten und uninteressantesten Dinge heraus. Für das Kind völlig unverständlich. Deshalb versucht es Ihnen mit allen zur Verfügung stehenden Mitteln zu erklären, dass die Tafel Schokolade in der 3,5 Kilogramm Superpackung die eindeutig bessere Wahl ist, im Gegensatz zu dem Bund Ökomöhren, das gerade in den Einkaufskorb gewandert ist. Um derartigen Situationen schon frühzeitig vorbeugen zu können, sollten Sie einige strategische Tipps beachten. Setzen Sie das Kind noch vor dem Betreten des Supermarktes in einen Einkaufskorb. Die modernen Einkaufskörbe verfügen zu diesem Zweck über extra integrierte Kinderhaltevorrichtungen, in die Sie Ihr Kind einstecken müssen. Sie dürfen es auf keinen Fall frei herumlaufen oder krabbeln lassen. Bedenken Sie, was das Kind einmal in den Händen hat, gibt es nicht mehr her. Lassen Sie den Einkaufskorb immer in der Mitte des Gangs stehen, damit das Kind nicht die Regale erreichen kann. Sorgen Sie auch dafür, dass andere Kunden des Supermarktes Ihren Korb nicht achtlos zur Seite schieben, und das Kind so in der Lage ist, an die Ware heranzukommen. Verbünden Sie sich zu diesem Zweck mit anderen Müttern, und bauen Sie eine Barrikade aus Einkaufskörben. Holen Sie sich vor dem Einkauf einen Lageplan des Supermarktes und zeichnen Sie vorher in Gedanken den Weg ein, den Sie gehen wollen. Der Weg sollte auf keinen Fall an Süßigkeitenregalen oder der Spielwarenabteilung vorbeiführen. Gehen Sie auf keinen Fall in die Spielwarenabteilung! Sind Sie einmal drin, ist Ihr Kind verloren, Sie kriegen es dort nie wieder raus. Sie müssen dann so lange warten, bis es zu alt geworden ist für die Spielsachen und von alleine wieder herauskommt. Lassen Sie sich am Fleischstand auch kein Würstchen für das Kind schenken. Reicht man Ihnen dennoch eins, schmeißen Sie es weg, oder essen Sie es selbst. Geben Sie es auf keinem Fall dem Kind. Es muss lernen, dass die Ware erst bezahlt werden muss, bevor man Sie konsumieren darf. Außerdem erklären Sie ihm damit den alten Grundsatz: „Was nichts kostet, ist auch nichts!" Haben Sie sich dann endlich mit taktischen Spielzügen durch die Supermarkthalle geschlichen und sind den gefährlichen neuralgischen Punkten wie der Spiel- und Süßwarenabteilung ausgewichen, dann steht Ihnen noch der schwerste Part bevor. Die Rede ist von der Kasse. Da man in den meisten Fällen anstehen muss, kann man den

Kassenbereich nicht in derselben Geschwindigkeit passieren, in der man durch die Regalreihen gerauscht ist. Zeit genug für das Kind, sich die Auslagen an der Kasse anzusehen. Das Problem dabei ist, dass der Gang im Kassenbereich nur einen kleinen Prozentsatz der Breite eines Einkaufsganges aufweist, so dass auch die Zwergenarme Ihres Kindes in der Lage sind, die Ware zu ergreifen. Deshalb sollten Sie sich immer an die Kasse anstellen, an der nur Zigaretten ausliegen. Sollte Ihr Kind es nun geschafft haben, sich eine Schachtel zu ergattern, dann versuchen Sie nicht, es Ihrem Kind wegzunehmen. Lassen Sie das Gör doch ruhig mal auf einer Zigarette herumkauen. Die Reaktionen darauf sind meistens eindeutig. Ich verspreche Ihnen, beim nächsten Einkauf wird es nicht mehr danach greifen. Da aber Kinder unter 2 Jahren noch keine Zigaretten haben dürfen, werden die Schachteln aus Gründen des Jugendschutzes seit einigen Jahren unter Vergitterung im Kassenbereich gelagert. Diese Schutzeinrichtung war notwendig geworden, da Ende der 80iger Jahre, aufgrund der zuvor benannten Vorgehensweise der Mütter, die Zahl der Nikotinvergiftungen bei den unter Einjährigen stark angestiegen war. Aber zurück zum Einkaufen. Haben Sie nun den Kassenbereich erfolgreich passiert, brauchen Sie nur noch darauf zu achten, dass Sie dass Kind erst zum Schluss aus dem Einkaufskorb nehmen, um ihm nicht den Zugriff auf die Lebensmittel zu ermöglichen. Oder Sie packen das Kind zuerst ein, nach ganz unten, so dass Sie die anderen Sachen darauf legen können. Durch die eingeschränkte Bewegungsfreiheit kann es auch auf diese Weise keinen Schaden anrichten. Die Väter brauchen übrigens die dargestellten Tipps und Hinweise nicht beachten, da Sie die Kinder in der Regel sowieso nicht in den Supermarkt mit hineinnehmen, sondern im Auto sitzen lassen. Das liegt wie eingangs erwähnt daran, dass Männer seit Urzeiten ohne das Junge zum Beute holen gehen.

Der erste Geburtstag

Da der Mensch von Natur aus traditionsbewusst ist, neigt er dazu, immer wiederkehrende Ereignisse gebührend zu feiern. So feiert er auch das erste überstandene Lebensjahr der Nachkommen. Aller Anfang ist bekanntlich schwer, und so gibt es für die Eltern einen doppelten Grund, diesen Tag gebührend zu feiern. Viele der Eltern sind nämlich der Meinung, dass sie, da sie nun das erste Lebensjahr ihres Zöglings hinter sich gelassen haben, jetzt aufatmen können, da es nun nur noch leichter und besser gehen kann. Leider entspricht dies nicht der Tatsache, und die meisten Eltern würden vermutlich Ihr Kind sofort zur Adoption freigeben, wenn Sie auch nur ansatzweise eine Vorstellung davon hätten, was in den nächsten Jahren noch alles auf sie zu kommt. Aber der erste Geburtstag eines Kindes ist nicht nur ein kleiner Meilenstein in seiner Entwicklung, sondern auch ein wichtiges Ereignis in Hinblick auf die Zukunft und die gesellschaftliche Stellung Ihres Kindes. Es bedarf deshalb einer genauesten taktischen Planung dieses Tages. Die Zahl der eingeladenen anderen Kinder gibt nämlich Auskunft über den Beliebtheitsgrad des Kindes. Aber auch, wenn Ihr Kind nicht besonders beliebt ist, laden Sie soviel

Kinder wie möglich ein. Die anderen werden dann denken, dass Ihr Kind tatsächlich so viele Freunde hat. Dies steigert vermutlich seine Beliebtheit unter den anderen Einjährigen. Aber denken Sie auch an die Zukunft. Haben Sie 20 Kinder eingeladen, so stehen die Mütter dieser 20 Kinder in der Pflicht, Ihr Kind ebenfalls zum Geburtstag einzuladen. Das bedeutet, dass Sie in den kommenden Jahren das Kind schon mal an 20 Tagen los sind und Ihre Ruhe haben. Außerdem können Sie durch eine Vielzahl an Gästen auch die Geschenke taktisch klug einteilen. Lassen Sie die anderen Mütter nicht nur Spielzeug für Ihr Kind kaufen. Im Gegenteil, Geschenke für das Kind sollten nur einen kleinen Prozentsatz einnehmen. Stattdessen lassen Sie sich Konservendosen, Tankgutscheine, Gefrierfleisch, Urlaubsreisen und einen Zweitfernseher schenken. Den anderen Müttern erklären Sie natürlich, dass diese Dinge zum Wohle des Kindes benötigt werden. Wie Sie das begründen ist Ihre Sache. Seien Sie ruhig kreativ dabei. Die Sachen verwenden Sie dann später natürlich für sich selbst. Da es der erste Geburtstag Ihres Kindes ist und es keine Vergleichsmöglichkeiten mit vorherigen Geburtstagen hat, wird es annehmen, dass Ihre Vorgehensweise völlig korrekt ist. Wenn Sie diese Illusion lange genug aufrecht erhalten, können Sie auf diese Weise absahnen, bis das Kind 12 ist. Danach werden die meisten Kinder misstrauisch. Um den Geburtstag in einem für Sie kostengünstigen Rahmen zu halten, gehen Sie mit den Kindern am besten zu einer bekannten Fast Food Kette. Dort sperrt man die Gören in der Regel in einen gläsernen Raum und stopft Sie mit Billigfraß zu. Der Vorteil ist, die Biester können dort rumsauen, wie Sie wollen, und sauber machen müssen später andere. Sollten Sie den ersten Geburtstag Ihres Kindes im Kreise der Familie feiern, so laden Sie möglichst viele Verwandte dazu ein. Auch die entferntesten Verwandten laden Sie ein. Je entfernter Sie wohnen, desto geringer ist die Wahrscheinlichkeit, dass die tatsächlich aufkreuzen. Da Sie aber geladen worden sind, sind Sie damit auch genötigt worden, für das Kind ein Geschenk zu schicken. Hier gilt die oberste Regel, von Verwandten nur Geld annehmen. Das müssen Sie gleich bei der Geburt des Kindes allen deutlich machen. Sie erklären in diesem Zusammenhang, dass Sie für Ihr Kind einen Wertpapierfond mit einer langen, langen Laufzeit eingerichtet haben. Und in diesen Fond würden Sie nun alles Geld, dass Sie übrig haben und welches das Kind geschenkt bekommt, einzahlen. Mit dieser Legende wird die bucklige Verwandtschaft gerne mit der Kohle rüberkommen. Und später, in 20 Jahren, wird keiner mehr fragen, wo das Geld geblieben ist. Das Geld zahlen Sie natürlich nicht wirklich in einen Fond ein, sondern kaufen sich davon ein schönes neues Auto oder einen neuen Computer. Das ist kein Betrug, sondern nur ausgleichende Gerechtig-

keit, da Sie sonst aufgrund der erhöhten Ausgaben für das Kind auf solche Dinge verzichten müssten. Beurteilen Sie Ihre Lage doch einmal selbst. Die Hälfte Ihres Gehaltes geben Sie für Windeln, Breichen, Strampler, Sabberlätzchen und anderes sinnloses Zeug aus. Und dann soll das Gör auch noch dafür richtig mit Kohle vollgestopft werden? Schließlich haben Sie Ihrem Kind schon das Wertvollste auf der Welt geschenkt - das nackte Leben! Aber der erste Geburtstag Ihres Kindes hat auch noch eine andere Bedeutung. Sie sind in der Lage, Ihr Kind mit den eingeladenen Kinder abzugleichen. Sie können somit feststellen, ob Ihr Kind hinsichtlich körperlicher Entwicklung, Intelligenz, Reifegrad, motorischer Fähigkeiten mit den anderen Kindern mithalten kann. Sollten Sie Defizite beobachten, dann sollten Sie Ihr Kind zur Reparatur bringen. Schließlich ist der Kinderarzt schuld, wenn derartige Mängel nicht rechtzeitig erkannt werden. Aber keine Angst, da Ihr Kind erst ein Jahr alt geworden ist, läuft sämtlicher ärztlicher Service noch unter Garantie. Sollten Sie jedoch feststellen, dass Ihr Kind im Gegensatz zu den anderen viel weiter entwickelt ist und bereits über ausgeprägte Fähigkeiten verfügt, dann sollten Sie keine Gelegenheit auslassen, um das den anderen Müttern unter die Nase zu reiben. Warum auch nicht. Dafür, dass Ihre Nachbarin ständig mit einem breiten Grinsen in ihrem neuen Mercedes an Ihnen vorbeifährt, während Sie versuchen, Ihren japanischen Kleinstwagen zum Starten zu überreden, zeigen Sie ihr im Gegenzug ruhig einmal, wie blöd ihr Kind noch ist.

Die 25 wichtigsten Grundsätze

Wenn Sie die in diesem Buch beschriebenen Probleme und Lösungsmöglichkeiten beachten, werden Sie vermutlich dieselben Schwierigkeiten haben wie zuvor. Aber immerhin wissen Sie nun, wieso Sie diese Schwierigkeiten haben. Um das Thema Baby und dessen Handhabung zu einem krönenden Abschluss zu bringen, wurden im Folgenden noch einmal die wichtigsten Grundsätze knapp zusammengefasst. Diese sollten Sie möglichst auswendig lernen und niemals anwenden.

1. Babys sind wie Computer, man muss ihnen sagen, was sie tun sollen.
2. Was man oben reinsteckt, kriegt man unten nie wieder alles raus.
3. Babys entstehen durch Sex und sie verhindern diesen, sobald sie da sind.
4. Macht man dem Baby eine neue Windel um, so kackt es sofort ein. Macht man ihm keine neue Windel um, dann kackt es nicht ein, sondern wartet so lange, bis es eine neue Windel um hat und kackt dann ein.
5. Schreiende Babys trainieren nur die Lungen.

6. Babys wachen sofort auf, wenn die Eltern eingeschlafen sind.

7. Kinder machen arm. Deshalb müssen sie so schnell wie möglich wieder aus dem Haus.

8. Zwei Babys sind schlechter als eins, aber nur halb so schlimm wie drei Babys. Vier Babys sind eine Katastrophe und fünf Babys sind eine Erfindung von Masochisten.

9. Kinder brauchen ständige Aufsicht und Kontrolle. Erhalten sie diese am Anfang nicht, bekommen sie sie am Ende in einer staatlichen Vollzugsanstalt.

10. Geschwister sind gut für das Kind und schlecht für die Eltern.

11. Eine Frau sollte nur so viele Kinder wie Brüste haben.

12. Kinder spielen mit allem und brauchen deshalb kein Spielzeug.

13. Babys spucken oft das Essen aus, weil es ihnen nicht schmeckt.

14. Babys haben oft keine Haare, wenn Sie geboren werden, weil sie auch keine Haare mehr haben werden, wenn sie später alt sind und sterben. Alle Babys, die mit Haaren geboren werden, sterben nicht, weil ihnen die Haare nicht ausgehen, wenn sie alt sind.

15. Kinder sind ständig krank, um die Eltern anstecken zu können.

16. Männer sind die besseren Mütter, da sie nach der Geburt des Kindes genauso schlank sind wie vorher.
17. Geben Sie Ihrem Kind nicht nur Liebe, sondern auch etwas zu essen.
18. Dicke Kinder sind ein Zeichen von Wohlstand.
19. Die Babys bringt der Klapperstorch, denn Kinderkriegen hat etwas mit Vögeln zu tun.
20. Muttermilch ist nicht für die Väter.
21. Schwangerschaftsstreifen sind keine Polizistinnen, die Kinder kriegen.
22. Nach der Geburt wirken Antibabypillen nicht mehr.
23. Kinder brauchen ihre Eltern und diese brauchen ihre Ruhe.
24. Intelligente Kinder spielen den Eltern so lange wie möglich vor, dass sie zu blöde sind zum Laufen und lassen sich bis zum 7. Lebensjahr tragen.
25. Ohne Kinder könnten Sie sich ein Auto leisten. Mit Kindern müssen Sie sich ein Auto leisten.

ENDE